Bucket List

für

WANDERER

ist ein Imprint der

HEEL Verlag GmbH
Gut Pottscheidt
53639 Königswinter
Tel.: 02223 9230-0
Fax: 02223 9230-13
E-Mail: info@heel-verlag.de
www.heel-verlag.de

© 2022 HEEL Verlag GmbH

Verantwortlich für den Inhalt: Jarle Sänger
Projektleitung: Helge Wittkopp
Lektorat: Hannah Kwella
Satz und Gestaltung: Lukas Markus, Bonn

Bildnachweis:
© Adobe Stock: Turaev, Hein Nouwens, aluna1, GaliChe, vladischern, jameschipper, bioraven, Shalyapina, Bohdan Petrushko, nataliiamiethe, tanyadzu, Robert Biedermann, Natali Snailcat, ngupakarti, artbalitskiy, kozerog2015, Алексей Воробьёв, ngupakarti, simple_miracle, vadimmmus, milo827, Danussa, Kate Macate, airmel, Genestro, d1sk, Marina, DeepMeta, jenesesimre, avelksndr, ohhh_photo, la_puma, SeemaLotion, Oleksandr Babich, AnastasiaOsipova, kristinblack, MicroOne, Morphart, Qualit Design, kamenuka, ngupakarti, marinavorona, stohelit, Sweta, iuliiawhite, Alexander Pokusay, Dejan Jovanovic, Полина Томтосова, Sonulkaster, Svetlana, alhontess, hobbitfoot, nikiteev, INORTON, Tartila, DruZhi Art, kharlamova_lv, ylivdesign, Qualit Design, OlyaOk, Катерина Фирсова, marinavorona, artbalitskiy, Evgeniya, Colorfuel Studio, cgterminal, tinica10, artbalitskiy, owattaphotos, mast3r, naidzionysheva, valeriyabtsk, jenesesimre, Mateusz, artbalitskiy, Ljupco Smokovski, Askhat, pingebat, chelovector, kamenuka, canicula

Printed in Czech Republic

ISBN 978-3-96664-353-5

JARLE SÄNGER

Bucket List
für
WANDERER

222 DINGE,
DIE MAN ALS WANDERER
UND TREKKER ERLEBT HABEN MUSS

Schöner geht's nicht

Liebe Leser,

Wandern ist der Inbegriff von Freiheit. Wir laufen wann, so lange und wohin wir wollen; und alles was wir dazu brauchen, neben einem Minimum an Ausrüstung, ist unser Körper. Ob auf hohen Bergen, in tiefen Wäldern, im weiten Flachland oder entlang der stürmischen Küsten. Wandern ist Grenzenlosigkeit. Zwischen Wald, Feld und Flur ist in Europa kaum ein bilaterales Hindernis zu finden. Landmarken und Grenzmarkierungen sind im Handumdrehen und meist gänzlich unbemerkt übertreten. Wirken mehr imaginär denn real. Wandern ist gelebte Freundschaft und echte Einigkeit. Welch tröstender Gedanke in turbulenten Zeiten wie diesen.

Das Schönste ist doch, die Möglichkeiten beim Wandern sind unendlich. Sowohl in Intensität, in Form sowie an Zielen. Und die Fülle von Erlebnissen scheint unerschöpflich. Wanderer nehmen wahr; intensiv und mit allen Sinnen. Wanderer lernen Land und Leute kennen. Nicht aus dem Fernsehen, nicht von Erzählungen anderer, sondern persönlich und hautnah. Zu Fuß, auf der Reise durch das Land. So werden sie letztlich zu Erzählern, die aus einem vollgepackten Buch voll von unvergesslichen Momenten lesen. Jeder, der auch nur ein einziges Mal gewandert ist, der kennt es: Ein paar Stunden im Freien unterwegs, schon hat man ganz persönliche, mitunter völlig überraschende Eindrücke, einzigartige Erinnerungen und intime Auseinandersetzungen mit sich selbst gesammelt. So vielfältig die Menschen, so mannigfaltig die Wandererzählungen. Denn die Neugier zeichnet uns Wanderer aus. Mit empfangsbereitem Herzen und offenen Augen lassen wir uns auf das ein, was hinter der nächsten Biegung auf uns wartet. Biegung für Biegung für Biegung, bis ein paar Stunden, Tage oder auch mal Wochen verstrichen, eine beachtliche Distanz bewältigt und der individuelle Horizont merklich erweitert ist. Wir lauschen den Geräuschen der Natur und dem Arbeiten unseres Körpers. Wanderer lernen den natürlichen Gang der Dinge wieder schätzen. Tag und Nacht, Wind und Wetter kitzeln in uns ein oftmals vollkommen überlagertes Gefühl hervor: die Demut.

222 Dinge zu finden, die ein jeder Wanderer einmal gemacht bzw. erlebt haben sollte, das kann daher immer nur ein kleiner Auszug aus einem endlos großen Fundus an individuellen Vorlieben, Chroniken und Momenten sein. Dennoch teilen Wanderer in vielen Punkten gleiche Leidenschaften: So lieben wir Wanderer es, den Extrempunkten nachzujagen. Einmal auf dem höchsten Gipfel eines Bundeslandes zu stehen oder am westlichsten Punkt der Republik zum Beispiel. Extrempunkte sind tolle Wanderziele und der ideale Anlass für die nächste Tour. Apropos Wanderziele, spannende Sehenswürdigkeiten und Hotspots reihen sich in ganz Deutschland aneinander. Ob Burgen, Schluchten, Gipfel, Seen oder Felsen. Bei dieser

Fülle an Sehnsuchtsorten bestimmte Wanderziele oder gar Wanderwege herauszuheben, das scheint kaum möglich. Dafür gibt es Reise- und Wanderführer. Die einen oder anderen Wanderhighlights aus Deutschland haben es ob ihrer schieren Einzigartigkeit oder Schönheit dann aber doch auf diese Bucket List geschafft. Ja, da lege ich mich fest: An diesen Orten und auf diesen Wegen müssen Wanderer einmal gewesen sein. Doch auch einfach loslaufen, spontan, ziellos und immer der Nase nach, hat seinen ganz besonderen Reiz. Sich auf unbekannte Pfade begeben, in ein spontanes Abenteuer werfen oder über die eigenen Grenzen gehen – oftmals bergen die verrücktesten Ideen die langfristigsten Erinnerungen. Erinnerungen, von denen man ein ganzes Leben zehrt.

Nein, dieses Buch erhebt weder Anspruch auf Vollständigkeit noch auf die Heiligkeit einer Wanderbibel. Vielmehr ist es als Anregung für neue Abenteuer gedacht. So soll es Ideen geben für die nächste Tour, den kommenden Urlaub oder ein persönliches Ziel. Es skizziert konkrete Wanderanlässe für Vielwanderer gleichermaßen wie es Couchpotatos die Lust vermitteln soll, die eigenen vier Wände zu verlassen, die Wanderschuhe zu schnüren und Zeit da draußen an der frischen Luft zu verbringen. Auch ist die Bucket List für Wanderer eine Sammlung zum Erinnern. An lustige Momente, an unvergessliche Touren oder beeindruckende Landschaften. Vom peinlichen Malheur, über unglückliche Fügungen des Schicksals bis hin zu hemmungslosen Glückszuständen. Dieses Buch animiert zum Schwelgen in vergangenen Zeiten genauso wie es anspornt, unbekanntes Terrain zu betreten. Und natürlich wäre eine Bucket List nicht eine Bucket List, wenn Fans des befriedigenden Abhakens nicht auf ihre Kosten kommen würden und fleißig das Erlebte und Geleistete mit einem Häkchen versehen könnten.

Fest steht doch: Wandern ist die schönste Freizeitbeschäftigung der Welt. Es ist gesund und macht gesund. Wandern entfesselt Kreativität, Fitness und Glück. Wandern lässt uns abschalten vom Stress des Alltags, ermöglicht das Luftholen im sonst so engen Takt des modernen Lebens. Geistige Überforderung, Reizüberflutung und die dauerhafte Erreichbarkeit abstreifen. Den Kopf aus- statt einschalten, die digitalen Welten für einige Stunden oder Tage ruhen lassen und sich darauf konzentrieren, was wirklich zählt. Um letztlich nur die Natur und die Welt und uns darin wahrzunehmen. Ganz bewusst, in aller Ruhe und Besinnlichkeit. Allein oder zusammen mit den Liebsten. Schöner geht's nicht – oder?

Viel Spaß beim Lesen, Wandern, Nachmachen und natürlich: Abhaken!

FACETTEN DES WANDERNS:
Einfach nur zu Fuß wäre doch langweilig

☐ Eine Nacktwanderung machen

Na, hoffentlich hat's keiner gesehen!

☐

WANDERN MIT TIEREN

Geführte Touren, beispielsweise mit Alpakas, Eseln, Huskies, Ziegen oder gar Rentieren, sind mal etwas ganz anderes.

EINE REITWANDERUNG MACHEN

Herrlich, wenn fremde vier, statt die eigenen zwei Beine die Arbeit leisten. Aber: Reiten will gelernt sein, sonst fliegt man im Zweifel im hohen Bogen vom Pferd.

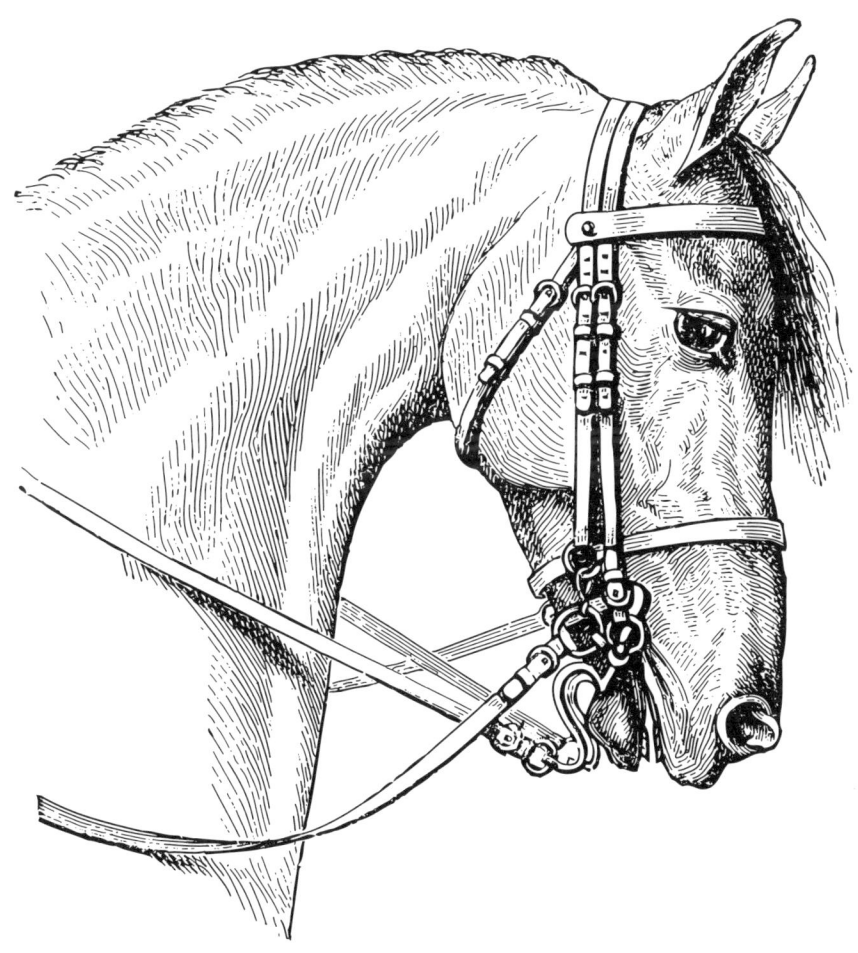

EINE WASSER-WANDERUNG MACHEN

Mit dem Kanu einen Fluss entlang schippern
und dabei ordentlich Strecke machen:
Auch im kühlen Nass lässt sich „wandern".

EINE
FERNWANDERUNG MACHEN

Tagestouren sind ja schön und gut, aber mal ein paar Tage am Stück unterwegs zu sein, das lässt einen erst so richtig abschalten.

Eine Nacht-wanderung machen

Die Eule ruft, die Büsche rascheln. Es ist Nacht und wir sind wandern.

HIKE & FLY PROBIEREN

Probleme mit den Knien beim Abstieg? Dem Hang zum Adrenalin-junkie nachgeben oder einfach mal fliegen wollen? Wie wäre es mit dem Besteigen eines Gipfels und an-schließendem Gleitschirmflug?

TOURENSKI GEHEN

Das klassische Skitourengehen ist ein toller Mix aus Wandern und Skifahren. Mit Fellen an den Brettern zunächst schnaufend bergauf, dann durch den Tiefschnee rasant hinab.

SPEEDHIKING VERSUCHEN

Nicht für jedermann, denn bei der sportlichsten Form des Wanderns geht es nur um eines: Geschwindigkeit.

EINEN KLETTERSTEIG BEWÄLTIGEN

Ein bisschen Kraxeln ist doch nie verkehrt. Die Alpen sind voll von Klettersteigen in allen Schwierigkeitsgraden. In den Mittelgebirgen jedoch werden sie rar, der vielleicht schönste ist der Mittelrheinklettersteig über Boppard.

EINE HÜTTENWANDERUNG MACHEN

Eine Woche oder länger hoch oben in den Bergen unterwegs sein, fernab der Zivilisation ganz ohne Autolärm. Gemütliche Hütten, traumhafte Sonnenuntergänge und einsame Berglandschaften – Wandern von Hütte zu Hütte ist wunderschön.

☐

EINE PILGERWANDERUNG MACHEN

Das Pilgern gilt als Urform des Wanderns und ist auch heute noch sehr beliebt. Neben den Jakobswegen und deren beliebtesten Teilstück im Norden Spaniens, dem Camino Francés, gibt es z. B. mit dem skandinavischen St. Olavsweg oder der Via Francigena auch deutlich einsamere Pilgerrouten.

☐

EINE WATTWANDERUNG MACHEN

Schnell, schnell!
Bevor das Wasser kommt …

EXTREMPUNKTE ALS ZIEL:
Die Magie der Superlative

ZUM NÖRDLICHSTEN PUNKT DEUTSCHLANDS WANDERN

Der nördlichste, fußläufig erreichbare Punkt von Deutschland befindet sich auf der Insel Sylt. Hier in List auf Sylt finden Wanderer im feinen Sandstrand eine kleine Markierungstafel.

ZUM ÖSTLICHSTEN PUNKT DEUTSCHLANDS WANDERN

Weiter östlich geht es auf deutschem Staatsgebiet nicht mehr: Die Gemeinde Neißeaue im Landkreis Görlitz beherbergt diesen Extrempunkt an einem Bogen der Lausitzer Neiße. Eine schattige Rastanlage steht in unmittelbarer Nähe.

ZUM SÜDLICHSTEN PUNKT DEUTSCHLANDS WANDERN

Das Haldenwanger Eck liegt inmitten der Allgäuer Alpen, in der Nähe von Oberstdorf. Ein massiver Grenzstein markiert die Grenze zu Österreich sowie den südlichsten Punkt von Deutschland, der auf relativ einfach zu gehenden Pfaden zu erreichen ist.

ZUM WESTLICHSTEN PUNKT DEUTSCHLANDS WANDERN

Der westlichste Punkt Deutschlands liegt in der nordrhein-westfälischen Gemeinde Selfkant, wo ein Grenzstein sowie eine kleine Info-Anlage zu finden ist.

DEN
HÖCHSTEN BERG VON
BADEN-WÜRTTEMBERG
ERKLIMMEN

Der 1.493 m hohe Feldberg ist der höchste Gipfel Deutschlands
außerhalb der Alpen. So richtig schwer oder spektakulär ist
die Wanderung auf den Schwarzwaldgipfel nicht,
dennoch gehört die Besteigung
in jedes Gipfeltagebuch.

Den höchsten Berg von Bayern erklimmen

Königin der deutschen Berge ist die 2.962 m hohe Zugspitze in den bayerischen Alpen. Viele Routen führen auf Deutschlands höchsten Berg, alle jedoch erfordern sehr gute Kondition, Trittsicherheit, Schwindelfreiheit und alpine Erfahrung. Die „einfachste" dieser Routen verläuft von österreichischer Seite aus über das Gatterl, der spektakulärste Aufstieg geht durchs Höllental (Klettersteig und Gletscher).

Den höchsten Berg von Berlin erklimmen

Entstanden durch eine Aufschüttung ist der Deponieberg Arkenberge mit 120 m die höchste Erhebung in Berlin. Auf dem Gipfel in Blankenfelde (Bezirk Pankow) ist ein Findling platziert, der den Himmel über Berlin markiert.

DEN HÖCHSTEN BERG VON BRANDENBURG ERKLIMMEN

Auf zum Kutschenberg, der mit 201 m die höchste Erhebung in Brandenburg markiert. Zu finden ist er im äußersten Süden des Landes in den Kmehlener Bergen.

DEN HÖCHSTEN BERG VON SCHLESWIG-HOLSTEIN ERKLIMMEN

Der Bungsberg ist der höchste Berg des deutschen Nordens. Ganz in der Nähe des 167 m hohen Hügels steht der Elisabethturm mit schönem Blick übers Land.

DEN HÖCHSTEN BERG VON MECKLENBURG-VORPOMMERN ERKLIMMEN

Der Helpter Berg versteckt seinen 179 m hohen Gipfel in dichtem Wald. Immerhin, hier oben findet man nicht nur ein Gipfelkreuz, sondern auch ein Gipfelbuch zum Verewigen.

DEN HÖCHSTEN BERG VON NIEDERSACHSEN ERKLIMMEN

Der 971 m hohe Wurmberg ist ganz im Osten des Landes am Rande zu Sachsen-Anhalt zu finden, nach dem Brocken ist er der zweithöchste Berg des Harz und das Dach von Niedersachsen.

DEN HÖCHSTEN BERG VON BREMEN ERKLIMMEN

Nicht wirklich als Erhebung, geschweige denn als Berg zu erkennen, markiert der 32 m hohe Keinberg den höchsten Punkt in Bremen. Die Mülldeponie in Bremen-Blockland ist zwar höher, zählt aber nicht als natürliche Erhebung.

DEN HÖCHSTEN BERG VON NORDRHEIN-WESTFALEN ERKLIMMEN

☐

Der Langenberg im Rothaargebirge ist stattliche 843 m hoch. Ein unscheinbarer, vollkommen unspektakulärer Gipfel ohne Ausblick. Nur die große Hängematte hält Wanderer länger hier oben.

☐

DEN HÖCHSTEN BERG VON RHEINLAND-PFALZ ERKLIMMEN

Das Dach von Rheinland-Pfalz ist auf dem 816 m hohen Erbeskopf im Hunsrück zu finden. Eine schöne Aussicht über das Land gibt es hier oben inklusive, das ist nicht selbstverständlich unter den Länderhöchsten.

DEN HÖCHSTEN BERG VON HESSEN ERKLIMMEN

Die Wasserkuppe liegt inmitten der Rhön, den waldlosen Bergen mit endlosem Weitblick. Die Aussicht von 950 m Höhe ist grandios, wenngleich das Gipfelplateau an sich mit seiner großen Radarkuppel nicht das sehenswerteste ist.

Den höchsten Berg von Thüringen erklimmen

In Thüringen wartet der 982 m hohe Große Beerberg auf den Eintrag im deutschen Gipfelbuch. Versteckt im Herzen des Thüringer Waldes gelegen, ist er aufgrund eines geschützten Hochmoores nur leider nicht direkt zugänglich. Für alle Gipfelhunter: Das Erreichen von Plänckners Aussicht ganz knapp unterhalb des Gipfels darf auch als Erfolg gezählt werden.

Den höchsten Berg von Sachsen-Anhalt erklimmen

Man muss es ja nicht gleich dem legendären „Brocken-Benno" nachmachen, der schon zwischen 8.000- bis 9.000-mal auf dem Brocken gestanden haben soll, dem höchsten Berg von Sachsen-Anhalt. Einmal reicht, um den 1.141 m hohen Berg voller Mythen auf der Bucket List für Wanderer abhaken zu können.

DEN HÖCHSTEN BERG VON SACHSEN ERKLIMMEN

Der Fichtelberg ist mit 1.214 m Höhe der höchste Berg in Sachsen und das Dach des Erzgebirges. Einmal hinaufgewandert, können faule Bergbesteiger bequem mit der Gondel hinunterfahren oder zu Fuß zurück nach Oberwiesenthal in die höchstgelegene Stadt Deutschlands wandern.

DEN HÖCHSTEN BERG VOM SAARLAND ERKLIMMEN

Wenn der 695 m hohe Dollberg nicht mit einem Schild markiert wäre, würde man hier oben inmitten des Waldes von Gipfel oder Erhebung kaum etwas mitbekommen. Der nicht weit entferne Ringwall von Otzenhausen ist da deutlich sehenswerter.

DEN HÖCHSTEN BERG VON HAMBURG ERKLIMMEN

Der Hasselbrack ist 116 m hoch und gehört zu den Harburger Bergen. Überraschend einsame Natur umgibt den unscheinbaren, nicht ganz so leicht zu findenden Gipfel, der mit einem großen Findling markiert und mit einem kleinen Gipfelbuch versehen ist.

Zum tiefsten Punkt in Deutschland wandern

In der schleswig-holsteinischen Wilstermarsch findet man die tiefste Landstelle in Deutschland. 3,54 m unter NN befindet sich die mit einem Holzpfahl markierte Stelle, unweit der Nordsee.

AUF DEM LÄNGSTEN WANDERWEG DER WELT WANDERN

Zugegeben, die kompletten 24.000 km des Great Trail in Kanada werden nur die wenigsten jemals schaffen, daher gilt auch schon eine Etappe auf dem Rekordhalter als Erfolg für die Bucket List.

DURCH
DIE KLEINSTE STADT
DEUTSCHLANDS WANDERN

Arnis an der Schlei ist mit weniger als 300 Einwohnern die kleinste Stadt in Deutschland. Das idyllische Fischerörtchen liegt direkt am Wasser des blauen Ostseefjords.

IN DER LÜNEBURGER HEIDE WANDERN

Einmal muss man einfach inmitten des satten Lila der herbstlichen Heide zwischen Hamburg und Hannover stehen – ein Traum soweit das Auge reicht. Im August ist aufgrund der Heideblüte die beste Zeit dafür. **Tourentipp: Heideschleife Radenbachtal.**

Durch die Vulkaneifel wandern

Beeindruckende Kegelvulkane, tiefblaue Maare, wilde Flusstäler und urzeitliche Felsformationen – die Vulkanlandschaft der Eifel gehört zu den einzigartigen Landschaftsformen in Deutschland.

Die Saarschleife bewundern

Einer der
beeindruckendsten
Blicke des Landes ist der Blick
auf die Saarschleife bei Orscholz.
An keiner anderen Stelle windet sich die Saar
so sehenswert um die Kurve. Vom Aussichtspunkt
Cloef oder dem Baumwipfelpfad samt Aussichtsturm ist
der Blick perfekt. **Tourentipp: Die Tafeltour Saarschleife.**

☐ AUF DEM MALERWEG WANDERN

Der Malerweg führt quer durch die Sächsische Schweiz und vorbei an einem der schönsten Hotspots in ganz Deutschland: der Bastei im Elbsandsteingebirge. Fantastische Felsformationen und unberührte Natur begleiten den Fernwanderweg auf acht durchaus anspruchsvollen Etappen.

ZU DEN KREIDEFELSEN AUF RÜGEN WANDERN

☐

Die grell-weiße Kreideküste von Rügen mit ihren steilen Wänden und den scheinbar ins türkisfarbene Wasser stürzenden Buchenwäldern ist eine Kulisse in Deutschland, die ihresgleichen sucht.

☐ Im Fischland Darß-Zingst wandern

Darß-Zingst ist eine Halbinsel an der Ostseeküste nahe Rostock und eine der schönsten Küstenregionen des Landes. Weißer, karibikähnlicher Sandstrand trifft auf von Wind und Wetter gezeichnete Kiefernwälder, dazu kleine Dörfer mit reetgedeckten Häusern. Einfach einzigartig.

AUF DER MECKLENBURGISCHEN SEENPLATTE WANDERN

☐ Im Land der tausend Seen schlummert die Müritz, der größte See Deutschlands. Einsame Wälder, leichte Wege und traumhafte Gewässer machen die von der letzten Eiszeit geformte Seenlandschaft unweit von Berlin unvergleichlich.

Auf dem Grünen Band wandern

Es sind nicht die schönsten und abwechslungsreichsten Wanderwege, die entlang der ehemaligen deutsch-deutschen Grenze führen und doch gehen Wanderer hier auf eine vielerorts beklemmende Reise durch die Geschichte. Dort, wo sich ehemals die halbe Welt sowie Deutschland selbst feindlich gegenüberstanden.

ZU DEN EXTERNSTEINEN WANDERN

In der Sammlung der deutschen Postkartenmotive finden die mystischen Externsteine im Teutoburger Wald einen festen Platz. Steile Treppen, enge Gänge und kunstvolle Figuren wurden einst in die 30 m hohen Sandsteinfelsen geschlagen. Von wem? Das ist bis heute ein Rätsel.

ZUM DONAUDURCHBRUCH WANDERN

Der Donaudurchbruch bei Weltenburg ist eine schluchtenartige Flussenge, die mit ihren steilen Felsen und den vielen Windungen eine einmalige Kulisse zaubert. Das nahegelegene Kloster Weltenburg macht das Postkartenmotiv perfekt.

☐ DURCH DAS BODETAL WANDERN

Das Harzer Bodetal gilt als eine der wenigen, urwaldähnlichen Landschaften in Deutschland. Die eng beschnittene Schlucht, in der Warme und Kalte Bode zusammenfließen, ist Heimat für eine großartige Vielfalt an Pflanzen und Tieren sowie eines der ältesten Naturschutzgebiete Deutschlands.

☐ AUF DEM RENNSTEIG WANDERN

Erstmals 1330 erwähnt gilt der Rennsteig als ältester Fernwanderweg in Deutschland. Er überquert den Thüringer Wald, das Thüringer Schiefergebirge sowie ein Stück des Frankenwaldes auf acht Etappen. Schön? Naja. Ein Stück Geschichte? Aber hallo!

IM MITTEL-RHEINTAL WANDERN

Eine der schönsten und spektakulärsten Flusslandschaften Deutschlands
befindet sich im Mittelrheintal zwischen Koblenz und Bingen. Steile
Felsen stürzen sich ins Tal, prachtvolle Burgen thronen hoch
oben über dem Fluss und romantische Städtchen schmiegen
sich eng an den Rhein – was für eine Landschaft!
Der Rheinsteig führt auf seinen Königsetappen
(vor allem Nr. 14 und 15) mitten hindurch.

AM KÖNIGSSEE WANDERN

Der Königssee in den Berchtesgadener Alpen gehört zu den schönsten Seen in Deutschland und der Blick hoch oben vom Feuerpalfen ist atemberaubend. Die Gegend rund um den Königsee und dessen kleinen Bruder, den Obersee, ist einfach ein Muss für Wanderer.

IM SCHWÄBISCHEN WALD WANDERN

Was für ein Mittelgebirge aus Schluchten, Wasserfällen, Aussichten und kleinen Weilern. Ein echter Geheimtipp vor den Toren Stuttgarts und zu Unrecht im Schatten von Schwäbischer Alb und Schwarzwald.

ZUR BURG ELTZ WANDERN

Die vielleicht schönste, nur zu erwandernde Burg in Deutschland!
In ihrer Geschichte noch nie gewaltsam erobert oder zerstört,
thront sie majestätisch wie einem Märchen entsprungen auf
einem Felssporn, der vom wilden Elzbach umflossen wird.
Unterwegs auf dem Traumpfad Eltzer Burgpanorama sorgt
sie für einen echten Wow-Moment!

AM ZELLER HORN STEHEN

Es gibt Ausblicke, die gibt es in ihrer beeindruckenden Schönheit kein zweites Mal. Der Blick vom Zeller Horn auf das Märchenschloss Burg Hohenzollern gehört sicher dazu. Der Traufgang Zollernburg-Panorama ist der perfekte Wanderweg dafür.

AUF DEM ROTHAARSTEIG WANDERN

Der Rothaarsteig im Osten von Nordrhein-Westfalen gehört nicht unbedingt zu den schönsten Fernwanderwegen des Landes, dennoch ist er etwas ganz Besonderes. 2001 wurde er der erste Prädikatsfernwanderweg der Welt und schrieb damit ein Stück Wandergeschichte.

Den bestbewertetsten Wanderweg laufen

Schönheit ist subjektiv, das Erlebnis beim Wandern erst recht. Dennoch können nackte Zahlen, wie das Erlebnispunkte-Ranking vom Deutschen Wanderinstitut, einen Eindruck verschaffen. Tada: Der bestbewertetste Premiumweg des Landes ist derzeit der „Luftige Grat" in Oberstaufen im Allgäu mit 102 Erlebnispunkten. Wirklich eine Knallertour.

EINE HÄNGEBRÜCKE ÜBERQUEREN

Deutschland ist aufgrund seines Reliefs außerhalb der Alpen nicht gerade berühmt für seine spektakulären Hängebrücken, dennoch gibt es sie vereinzelt. Zum Beispiel die Titan RT im Harz, die Geierlaybrücke im rheinland-pfälzischen Hunsrück oder die Wildline-Hängebrücke im Nordschwarzwald.

Einen Skywalk begehen

Skywalks sind exponierte Aussichtskanzeln, die sich in ihrer spektakulären Bauweise immer wieder gegenseitig übertreffen. Zum Beispiel mit Böden aus Glas wie beim Skywalk auf dem Sonnenstein im Harz oder luftigem Stahlgitter mit grandiosem Blick wie von der AlpspiX über Garmisch-Partenkirchen.

Die wohl unnötigste Aussichtsplattform steht übrigens in Pulheim bei Köln, ganze 77 cm hoch – wow. Schon mal da gewesen?

EINEN AUSSICHTSTURM BESTEIGEN

Aussichtstürme gehören zu den beliebtesten Hotspots für Wanderer und Deutschland ist voll von grandiosen Aussichten aus der Vogelperspektive. Es gibt große und kleine, schmale oder breite, kunstvolle und simple, hohe oder tiefe, hölzerne und stählerne. Der mit 55 m höchste Aussichtsturm in Deutschland steht noch in Schömberg (Nordschwarzwald), soll jedoch im Sommer 2022 vom 65 m hohen Harzturm in Torfhaus (Harz) abgelöst werden.

AUF EINEM SCHÖNSTEN WANDERWEG DEUTSCHLANDS WANDERN

Seit 2004 kürt das *Wandermagazin* jedes Jahr die schönsten Wanderwege Deutschlands in den Kategorien Mehrtages- und Tagestouren. Es lohnt sich, die mal anzuschauen.

EINE KLAMM DURCHQUEREN

Schluchten und Klammen gehören zu den spektakulärsten Landschaftsformen in Deutschland, vor allem im Alpenraum. Begehbar gemacht durch Brücken, Stege, Kanzeln und verschlungene Wege, die sich eng an die nackten Felswände schmiegen, sind sie immer ein Erlebnis. Zu den schönsten Klammen gehören die Breitachklamm (Oberstdorf), die Partnachklamm (Garmisch-Partenkirchen) und die Höllentalklamm (Grainau).

EINEN BAUMWIPFELPFAD BEGEHEN

Laubwald, Nadelwald, Mischwald, Bannwald, Urwald, Stadtwald: Wälder gehören zum „täglich Brot" von Wanderern. Doch hoch oben aus der Vogelperspektive erhält auch der erfahrenste Spazierveteran neue Einblicke in das Reich der Bäume. Baumwipfelpfade erfreuen sich großer Beliebtheit und verteilen sich an über 20 Standorten auf ganz Deutschland. Eine Übersicht gibt es auf www.baumwipfelpfad-baumkronenpfad.de.

WANDERKAISER(IN) WERDEN

Das berühmteste Wanderabzeichen Deutschlands ist die Harzer Wandernadel. Nur wer alle 222 Stempelstationen abwandert, um sich dort jeweils den wohlverdienten Stempel in das Büchlein zu pappen, darf sich stolz *Harzer Wanderkaiser* nennen und das goldene Abzeichen entgegennehmen.

An einem Wandermarathon teilnehmen

30, 50 oder 100 km lange Langstreckenwanderungen finden überall in Deutschland statt, auf diesen Events toben sich Wanderer nach Lust und Laune aus und loten ihre Grenzen aus.

EINEN GEOCACHE SUCHEN UND FINDEN

Geocaching, die moderne Schnitzeljagd mit Hilfe von GPS-Geräten oder Apps, erfreut sich großer Beliebtheit. Auf der ganzen Welt sind kleine Fundsachen entlang von Wanderwegen oder an den aberwitzigsten Orten versteckt, allein in Deutschland können Entdecker über 400.000 Schätze finden.

AUF EINEM *PREMIUMWEG* WANDERN

Premiumwege sind vom Deutschen Wanderinstitut zertifizierte Prädikatswege. Sie versprechen hohen Erlebniswert, abwechslungsreiche Wegführung und unverlaufbare Markierungen.

AUF EINEM QUALITÄTSWEG WANDERBARES DEUTSCHLAND WANDERN

Das Pendant zum Premiumweg sind die vom Deutschen Wanderverband zertifizierten Qualitätswege Wanderbares Deutschland. Auch diese Prädikatswege versprechen hohes Wandervergnügen, eine gute Infrastruktur und abwechslungsreiche Landschaften.

AUF EINER BURG ÜBERNACHTEN

Nächtigen mal anders: Auf einer Burg inmitten der Natur oder in aussichtsreicher Höhe lassen sich erlebnisvolle Nächte verbringen. Burghotels gibt es zahlreiche in Deutschland, die Ehrenburg an der Mosel gehört sicher zu den beeindruckendsten; und mit dem Traumpfad Bergschluchtenpfad Ehrenburg gibt's den Wanderweg direkt vor das Burgtor gleich dazu.

☐

AUF EINEM SPAZIERWANDERWEG WANDERN

Spazierwanderwege schlagen die Brücke zwischen Spazieren und Wandern, sie sind maximal 7 km lang und eignen sich dadurch besonders gut für „'ne schnelle Nummer".

☐

EIN MITTELGEBIRGE ÜBERQUEREN

Die Überquerung eines Gebirges gehört zu den Klassikern der Wandervorhaben. Ob längs oder quer, in einem Gewaltmarsch oder auf mehrere Etappen verteilt.

EINE ALPENÜBERQUERUNG MACHEN

Die Königin unter den Gebirgsüberquerungen ist die Alpenüberquerung. Da der Klassiker auf dem E5 von Oberstdorf nach Meran sehr beliebt bis hin zu vollkommen überlaufen ist, lohnt es sich nach Alternativen Ausschau zu halten.

AUF DEM WEG EINES WEGENETZWERKS WANDERN

Wegenetzwerke sind verschiedene, einheitlich beschilderte Wanderwege in einer Gegend, quasi eine Art „Wandermarke" der Region. Die ersten waren die Traumpfade, mittlerweile gibt es unzählige Alternativen in fast ganz Deutschland.

Einem Fluss von der Quelle zur Meeresmündung folgen

Die Reise des Wassers begleiten und einen Fluss von seinem Entspringen aus kleinen Bergseen oder kühlem Gestein beim steten Anwachsen zu beobachten, das gehört zu den besonders großen Wandervorhaben. Rhein, Elbe oder Mosel sind spannende Kandidaten, aber auch kleinere Flüsse wie Neckar, Weser oder Spree.

EINE STADT DURCHWANDERN

Es ist etwas anderes, aber dennoch: Auch in Städten kann man wandern. Zum Beispiel auf dem GrünGürtel-Rundwanderweg in Frankfurt, dem Kölnpfad oder dem Berliner Mauerweg. Außerdem gibt es Premium-Stadtwanderwege in Frankenberg, Boppard und Tecklenburg.

Einen der E-Wege wandern

12 Fernwanderwege
durchziehen Europa kreuz und quer.
Die sogenannten Europäischen
Fernwanderwege sind gigantische,
aber einmalige Wandervorhaben.

AN EINER KÜSTE WANDERN

Zum Beispiel an den deutschen Küsten oder aber auf einem
der europäischen Küstenwanderwege wie den Weg der
Leuchttürme in Spanien, dem Zöllnerpfad
in Frankreich oder Gendarmstien in
Dänemark. Ein Traum!

Einen 1.000er besteigen

Wer einen Eintausender besteigen will, findet in Deutschland neben dem Alpenvorland sechs Mittelgebirge mit Bergen, die die magische Grenze durchbrechen. Schwarzwald, Bayerischer Wald, Erzgebirge, Harz, Fichtelgebirge und Schwäbische Alb.

Einen 2.000er besteigen

Für 2.000er kommen Wanderer an den Alpen nicht vorbei. Dort ist die Auswahl dann aber nahezu grenzenlos.

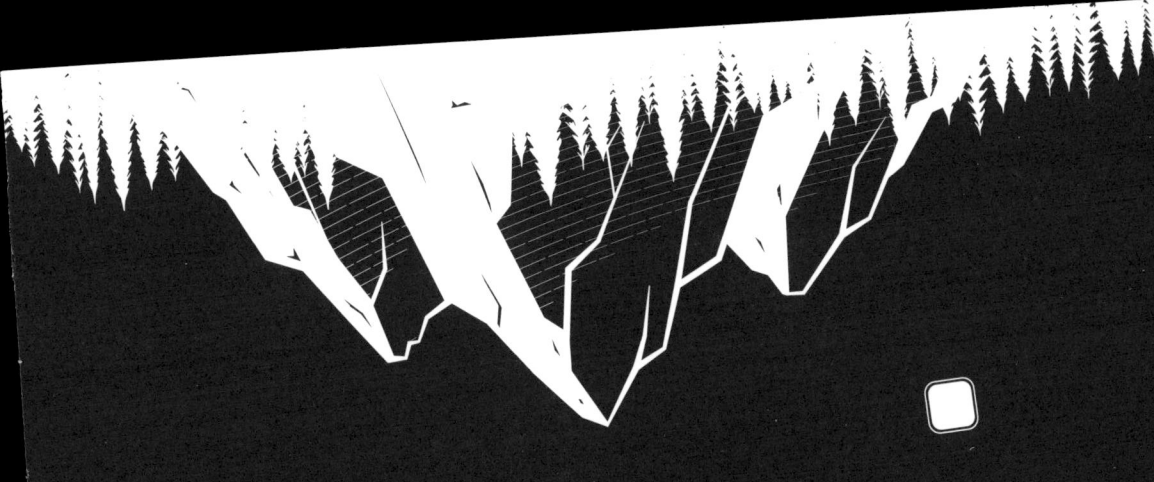

Einen 3.000er besteigen

3.000er sind nicht mehr für alle Wanderer zu schaffen und in Deutschland überhaupt nicht zu finden. In jedem Fall setzt eine Besteigung alpine Erfahrung und Trittsicherheit voraus. Leichte 3.000er sind z. B. Wildes Mannle (3.023 m) in den Ötztaler Alpen, der Munt Pers (3.207 m) oder das Schwarzhorn (3.146 m), beide in Graubünden.

Einen 4.000er besteigen

Wer auf einen 4.000er steigen will, kommt auch im Sommer an Schnee und Eis nicht vorbei. Daher sollte man über gute Ausrüstung, Kondition, Trittsicherheit und idealerweise über eine Ausbildung im Firn und Eis verfügen. Die wohl leichtesten der insgesamt 82 Alpenviertausender sind Allalinhorn (4027 m), Breithorn (4.164 m) und Lagginhorn (4.010 m).

ZUM SONNENAUFGANG AUF EINEN GIPFEL WANDERN

Mitten in der Nacht aufbrechen, um dann zum Sonnenaufgang auf einem exponierten Gipfel mit freier Sicht gen Osten zu stehen – einzigartig!

DEN DEUTSCHEN WANDERTAG BESUCHEN

Okay, die Geschehnisse auf dem jährlich stattfindenden Deutschen Wandertag sind etwas eigenartig. Dennoch, diesen karnevalsmäßigen Umzug verschiedener Wandervereine in Deutschland muss man mal gesehen haben.

IN EINER HÖHLE ÜBERNACHTEN

Steinzeitfeeling: Ganz so wie unsere Vorfahren vor zehntausenden von Jahren.

IM SCHNEE
WANDERN

Ob Schneeschuhwandern, wandern auf
präparierten Wegen oder querfeldein durch
fluffiges Weiß gestapft – das Wandern
im Schnee ist zwar anstrengend, aber
auch mal etwas ganz
anderes.

Durch ein Moor wandern

Abseits von befestigten Wegen und Stegen ist das Wandern durch Moore keine so gute Idee, sofern man vorhat, auch wieder heimzukehren. Zum Glück gibt es genug begehbar gemachte Moore. Zu den schönsten gehört das Hohe Venn im Osten von Belgien.

IN EINEM **DEUTSCHEN NATIONALPARK** WANDERN

16 Nationalparks, in denen die Natur größtenteils sich selbst überlassen bleibt, haben wir in Deutschland. Der erste eröffnete 1970 im Bayerischen Wald, im Jahr 2016 kam mit dem Nationalpark Hunsrück-Hochwald der vorerst letzte hinzu.

☐ AUF EINER ALTEN BAHNTRASSE WANDERN

Wo einst historische Dampfloks über die Gleise schnauften, sind heute vielerorts Rad- und Wanderwege errichtet. Ohne große Steigung sind sie nicht selten von spannenden Bauwerken, wie aussichtsreichen Viadukten, mächtigen Brücken oder langen Tunneln gesäumt.

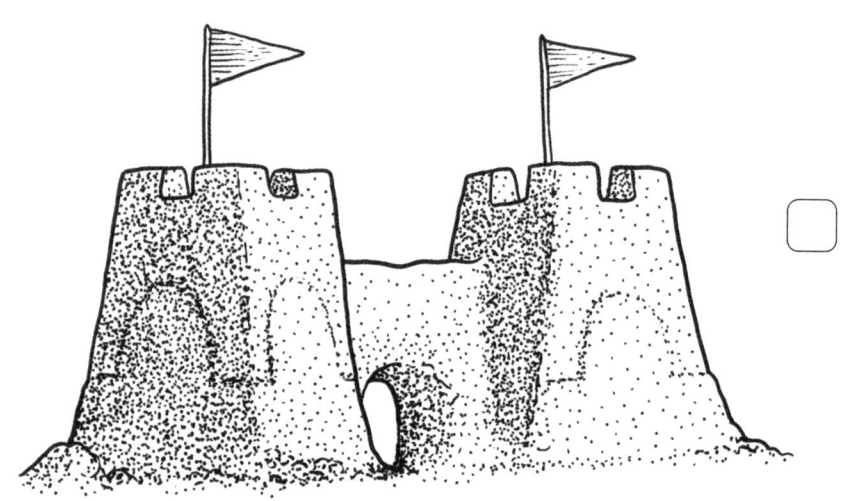

AM STRAND WANDERN

Sonne, Strand und Meer? Wandern? Das geht – vor allem die deutschen Inseln sind ein vielmals unterschätzter Wandertraum. Wanderung auf Rügen, Usedom, Juist, Spiekeroog oder Borkum vereinen Meer- und Wanderurlaub.

DEN SONNEN-UNTERGANG BEWUNDERN

Der Sonnenuntergang; so alltäglich, so normal, so wunderschön. Grandiose Spots sind beispielsweise der Blick von der Bastei über den Königsstuhl in der Sächsischen Schweiz, vom Drachenfels am Rhein bei Bonn, vom Zeller Horn in der Schwäbischen Alb mit Blick auf das Schloss Hohenzollern oder am Eibsee mit freier Sicht auf die feuerrote Zugspitze.

MINDESTENS 12 STUNDEN UNTERWEGS SEIN

Im Schein der Stirnlampe losziehen, das Licht-
spiel der aufgehenden Sonne bewundern und
den spektakulären Sonnenuntergang bezeugen:
So einen ganzen Tag im Freien unterwegs
zu sein, das hat was ganz
Besonderes.

Mindestens 30 km laufen

Es ist doch so, die unvergesslichsten Wanderungen sind oft die schwersten, ungemütlichsten oder längsten. Eine Wanderung mit über 30 km Länge brennt sich viel eher ins Gedächtnis als die 10 km lange Halbtagestour für Genießer. Leiden lohnt sich.

Auf alten Säumerpfaden wandern

Da kriegt man ein Gefühl von der Knochenarbeit der Säumer, die mit ihren vierbeinigen Begleitern allerlei Waren über die Alpen gehievt haben.

EINEN STAUDAMM ÜBERQUEREN

Idyllische Talsperren im Mittelgebirge
oder mächtige Betonkolosse in den Alpen,
große und kleine Staudämme gehören zu
den beliebtesten Sehenswürdigkeiten.

EINEN SCHNAPPSCHUSS SCHIESSEN

Das Licht perfekt, die Sonne im
richtigen Winkel und das Tier gerade
noch drauf – manchmal gelingt wandernden
Hobbyfotografen ein echter Schnappschuss.

☐

EINE WANDER- BZW. OUTDOORMESSE BESUCHEN

... und feststellen, was man alles nicht braucht.

EINEN SEE UMRUNDEN

☐

You spin me right round, baby, right round.

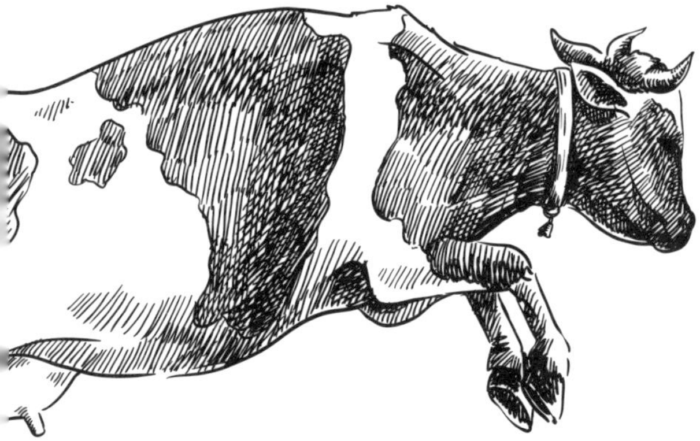

EINEN ALMABTRIEB SEHEN

Almabtriebe finden traditionell im Herbst statt, wenn weidende Kühe
für den Winter von den Hochlagen zurück ins Tal gebracht werden.
Bunt geschmückt ziehen die Vierbeiner dann bimmelnd durch die
Dorfstraßen zu ihrer Überwinterungsstätte. Den Schmuck gibt's
aber nur, wenn kein Tier während des Bergsommers gestorben
ist. Ein festlicher Wanderanlass, für den vor allem das
Allgäuer Oberstaufen bekannt ist.

Den Vogelzug beobachten

Wenn im Oktober und November hunderttausende Kraniche und andere Vögel gen Süden ziehen, zieht es auch die Wanderer ins Freie, um die gefiederten Heerscharen beim Rasten in den wasserreichen Moorniederungen Deutschlands zu bewundern.

Unnötige Ausrüstung kaufen

Braucht man nicht – habe ich schon – nur für Profis. Egal, ich will es! Seien wir ehrlich, oft ertappen sich Wanderer dabei, vollkommen unnötige, überdimensionierte Ausrüstung fürs Wandern zu kaufen, nur um sie dann in der Abstellkammer verstauben zu lassen, originalverpackt versteht sich. Ein bewusster Fehlkauf gehört zu einer jeden Wanderkarriere, kann aber auch Anlass für die nächste Tour werden.

EINEN HEIRATSANTRAG
ON TOUR MACHEN

Für alle Romantiker da draußen: Die grandiose Aussicht ist nicht nur zum Gucken da, sondern auch ein hervorragender Ort für ganz besondere Versprechen. Wer schon verheiratet ist, der frischt den Schwur fürs Leben einfach auf.

DURCHS WANDERN ABNEHMEN

Das Schöne am Wandern sind seine positiven Nebeneffekte auf Körper und Geist. Bye, bye Fett!

Auf jedem Kontinent wandern

Die Seven Summits, also die jeweils höchsten Gipfel aller Kontinente zu besteigen, das obliegt den Bergsteigerprofis. Aber wie wäre es denn mit einer normalen Wanderung auf jedem der sieben Erdteile?

MIT HUND WANDERN

Schöne Begleitung oder Stress pur – ihr entscheidet.

ERLEBNISSE ON TOUR:
Von *shit happens* zu unvergesslich schön

☐

DER FREILUFTTOILETTE FRÖNEN

Herrlich, ungestört in freier Wildbahn mal so richtig loslassen zu können.

☐

... UND DABEI ERWISCHT WERDEN

Blöd nur, wenn plötzlich eine Wandergruppe um die Ecke kommt. Auf einem Weg, den man unmittelbar hinter dem vermeintlich schützenden Busch zuvor gar nicht gesehen hat. Wie peinlich ...

IN EINEM MATRATZENLAGER SCHLAFEN

☐

Sägen, Trommeln, Grunzen. Wettschnarchen, dass sich die Balken biegen. Eine Nacht im Matratzenlager, z. B. auf einer Berghütte, ist immer ein akustisches Erlebnis.

ÜBER DIE EIGENEN GRENZEN GEHEN

☐

Natürlich ohne sich körperlich vollkommen zu verausgaben: Das Erlebnis auf einer anstrengenden Wanderung ein kleines bisschen über die eigenen Grenzen gegangen zu sein, ist ein unvergleichliches Gefühl.

AUF EINER SONNEN- TERRASSE EINKEHREN

Beine auf den Tisch, Gesicht in die Sonne und Mund ans eiskalte Glas. Was kann es denn Schöneres geben?

UNTERWEGS DIE SOHLE VERLIEREN

Eine abgelöste Sohle gehört zu den blödesten Dingen, die auf einer Wanderung passieren können. Am besten gleich am ersten von sieben Wandertagen.

EINE TOUR AUS VERNUNFT ABBRECHEN

Zu schwer? Zu lang? Aufziehendes Gewitter? Zum Abbrechen
einer Tour und dem Eingeständnis fehlender Fähigkeiten
gehört Disziplin und rationales Denken. Es ist jedoch
im Zweifel immer die richtige Entscheidung.

DAS ERSTE-HILFE-SET ERFOLGREICH ANWENDEN

In der Hoffnung, es nie zu brauchen, gehört das Erste-Hilfe-Set immer in den Rucksack. Umso besser, wenn man die Skills des Erste-Hilfe-Kurses erfolgreich zum Einsatz bringen oder kleinere Wunden fachgerecht behandeln konnte.

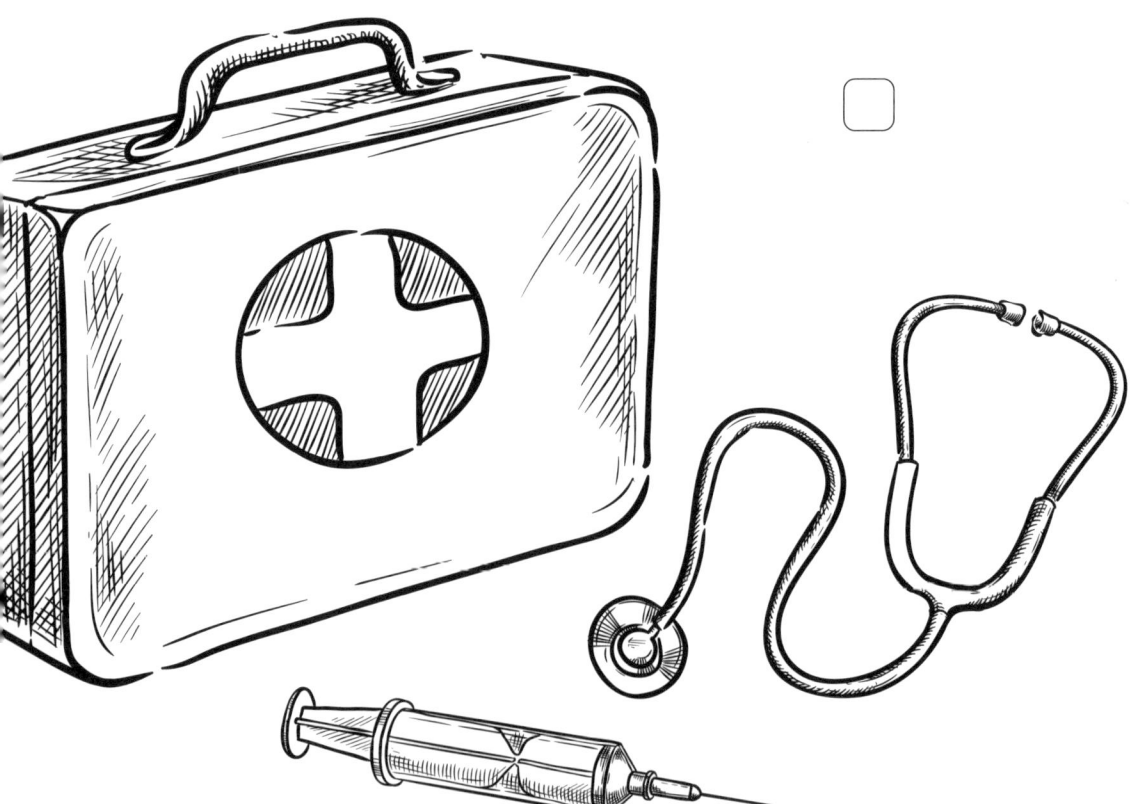

EIN KLASSISCHES PICKNICK MACHEN

Eine karierte Decke, eine Thermoskanne und ein Flechtkorb mit allerlei Leckereien – der Wanderklassiker im Gras, von dem es sich so schwer wieder aufraffen lässt.

In einem See baden

Die beste Abkühlung beim sommerlichen Wandern überhaupt, der spontane Sprung in einen Badesee. Gerne auch mal nackt.

DAS WASSER EINES BACHS FILTERN

Etwas für die Survivalfreaks unter den Wanderern:
Frisches Wasser vom Bach zapfen und es mit Hilfe eines
eigens gebauten oder gekauften Wasserfilters filtern.
Damit ist für Nachschub gesorgt.

IN EIN GEWITTER GERATEN

*Es gehört zu den unangenehmsten Begegnungen von
Wanderern überhaupt, vor allem im Gebirge: das Gewitter.
Sofern man keinen sicheren Unterschlupf mehr findet, gilt es,
die Füße zusammenzustellen, sich in eine Mulde zu kauern und
die Launen des Wetters über sich hinweg wüten zu lassen.*

TIERE IN FREIER WILDBAHN BEOBACHTEN

Mal majestätisch, mal wild, mal ängstlich. Mal in der Luft und mal am Boden. Mit der heimischen Tierwelt kommen Wanderer an vielen Orten in Berührung.

In ein Gipfelbuch schreiben

Der Eintrag ins Gipfelbuch, sofern eines ausliegt, ist obligatorisch. Cool ist es auch, die alten Einträge anderer Wanderer zu studieren. Da sind mitunter kuriose Fundsachen zum Lachen dabei.

EIN SEHR SELTENES TIER SEHEN

Rehe, Füchse, Hasen oder Wildschweine gehören nicht gerade zu den raren Begegnungen im Freien. Wer jedoch einen Steinadler, Eisvogel, Luchs, Wolf oder gar einen Bären zu Gesicht bekommt, der kann sich glücklich schätzen.

Sich verlaufen

Manchmal
muss man sich verlaufen,
um zu sich selbst zu finden.

AUF SCHNEE INS TAL RUTSCHEN

Schneller und spaßiger geht es nicht bergab, sommerliche Schneefelder einfach mal auf dem Allerwertesten hinabsausen (dort, wo es nicht gefährlich ist).

EINEN
BLUMENSTRAUSS
PFLÜCKEN

Für die Oma, die Frau oder einfach zur Deko – die Natur geizt nicht mit ihren bunten Reizen.

EIN ECHO AN EINER FELSWAND HÖREN

Wer hat nicht schon einmal an einer steilen Felswand gestanden und allerlei komisches Zeug in die Welt hinausgerufen, nur um zu hören, ob sich dieser Stuss in einem Echo wiederholt, holt, holt, holt?

TIERSPUREN LESEN

Die Bewohner der Wälder, Felder und Wiesen hinterlassen besonders im Winter ihre Spuren. Hobbydetektive gehen auf Fährtenlese im Schnee und wer besonders gut ist, schafft es sogar, Nachbars Bello vom Fuchs zu unterscheiden – gar nicht so einfach.

IN EINER SACKGASSE LANDEN

„Der Weg sieht aber interessant aus, den nehmen wir!", heißt es nicht selten, bevor der vielversprechende Pfad im Nichts endet.

VON EINEM INSEKT GEJAGT WERDEN

Was für Plagegeister! Bremsen, Fliegen, Bienen, Mücken oder was sonst noch alles klein, quirlig, durch die Luft segelnd, brummend, summend und absolut nervtötend ist.
Wild fächernden, fluchenden oder davonrennenden Wanderern begegnet man vor allem im Sommer.

EINEM TIER HELFEN

Wanderer lieben die Natur und lieben die Tierwelt. Auf dem Rücken liegende Käfer werden vorsichtig zurecht gedreht, Rehe aus großmaschigen Zäunen befreit und Igeln der sichere Weg über die Straße geleitet. Das Karmakonto dankt.

So tun als ob

Beim Trekking für zwei Nächte so tun, als ob das Zelt daheim vergessen wurde und sich mit dem begnügen, was einem die Natur bietet. Vielleicht nicht die entspanntesten Nächte, aber unter Umständen die spannendsten?

EINEN FLUSS DURCHQUEREN MÜSSEN

Manchmal stellen sich Wanderern ungeahnte Hindernisse in den Weg. Ein Fluss zum Beispiel, den man mit nackten Füßen, bis zur Hüfte watend oder gar schwimmend überqueren muss. Eine Brücke? Weit und breit: leider nein.

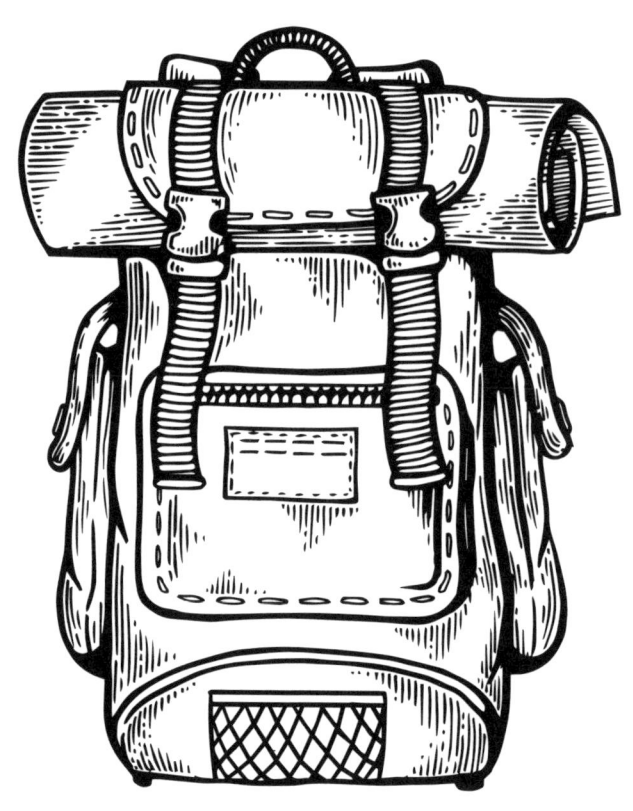

DEN RUCKSACK ÜBERLADEN

Viel zu überladen loszuwandern, das passiert vor allem Trekkinganfängern. Zum Beispiel, wenn sie für eine einwöchige Zeltwanderung im italienischen Piemont statt leichter Trockennahrung (Pastagerichte, Instantsuppe etc.) lieber 800 Gramm schwere Konserven mitnehmen – für jeden Tag eine.

☐

Sich anhand der Natur orientieren

Wege, sich ohne Hilfsmittel in der Natur zu orientieren gibt es viele. Dazu gehören beispielsweise Sonnenstand, Fließgewässer, Baumneigung, Moosbewuchs oder Windrichtung. Nicht alles ist überall und immer verlässlich, doch ganz grob finden Wanderer mit Hilfe der Natur zum Ziel.

☐

VON EINER FELSKLIPPE PINKELN

Der Traum eines jeden Mannes: Bei bester Fernsicht auf die Welt da unten von einer steilen Felsklippe pinkeln. Für einen Moment der König der Welt, den Frauen bleibt da nur der Neid.

Unterwegs fluchen

Zu schwer, zu nass, zu rutschig, zu lang,
zu doof, zu unwegsam. Alles scheiße!

SICH VERQUATSCHEN
UND DEN ABZWEIG VERPASSEN

„Sag mal, wann hast du das letzte Mal eine Markierung gesehen?"
In spannende Geschichten und Gespräche vertieft, geht so manch
ein Abzweig schnell mal unter. Dann geht es im Zweifel
wieder den Berg hinauf, wie ätzend!

WANDERER IN LANDESSPRACHE GRÜSSEN

Bonjour, Grüß Gott, Grüezi, Servus und Hallo! Es wird fleißig gegrüßt da draußen auf den Wanderwegen; und das in allen erdenklichen Sprachen.

Sich komplett versauen

Mal ist es ein Sturz in den Schlamm, mal einfach nur das Wetter. Schönwetterwandern kann jeder – doch so richtig eingesaut, wissen Wanderer und Waschmaschine, was man geschafft hat.

MIT DEM TREKKINGSTOCK HÄNGENBLEIBEN

Wer hat bloß die Schlaufe an Trekkingstöcken erfunden? Eindeutig mehr Todesfalle als Hilfsmittel, das dürften alle Wanderer wissen, die schon einmal mit einem der Stöcke im Boden und dann mit der Hand in der Schlaufe hängengeblieben sind.

Über eine Wurzel stolpern

Stolpern ist die Unfallursache Nr. 1 beim Wandern. Hinterlistige Wurzeln, die sich ganz unscheinbar über den engen Pfad legen, gehören dabei zu den größten Bösewichten.

VOM AST GETROFFEN WERDEN

Vorausschauendes Wandern ist so manch einem Wanderer ein Fremdwort. Passt der Vordermann auf einer dichtbewachsenen Passage nicht auf und vergisst zu warnen, peitscht der zurückschwingende Ast ungebremst und frontal ins Gesicht. Autsch!

Im Schlamm versinken

Im Moor passiert es, in feuchten Bachtälern oder einfach nach starken Regenfällen. Einmal nicht aufgepasst und *flutsch* ist der Fuß knöcheltief im Schlamm versunken. Nur gut, dass Wanderer gerade deshalb immer gutes Schuhwerk tragen.

BEIM WANDER-PARTNER SCHNORREN

„Dein Schokoriegel sieht viel besser aus als mein Käsebrot!"

EIN LIEBESPAAR IM FREIEN ÜBERRASCHEN

Oh Gott, wie unangenehm. Schnell weiter …

SICH ÜBER DEN RICHTIGEN ABZWEIG STREITEN

Hier lang. Nein, da lang. Nein, hier lang.
Nein, da lang. Nein, hier lang. Nein, da lang.

AUF DIE MAUERN EINER BURGRUINE KLETTERN

Soll man nicht, macht man nicht, darf man manchmal auch nicht. Aber die Aussicht ist doch so viel besser?

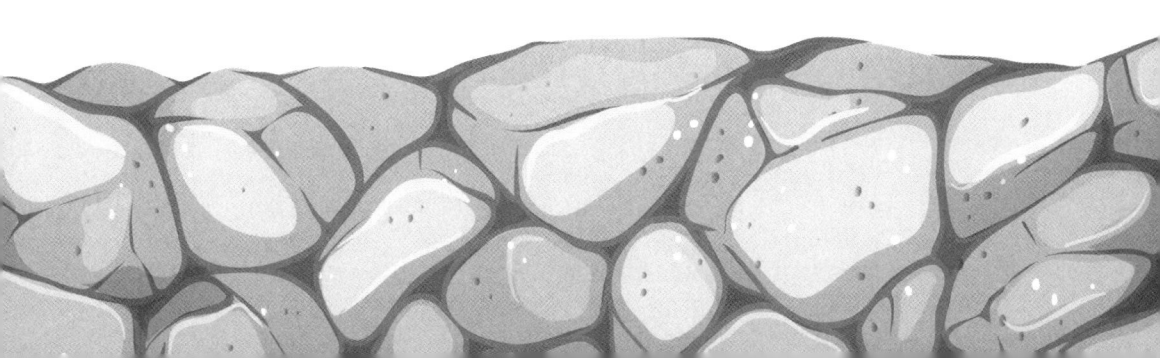

IM WANDERSTAU STEHEN

An versicherten Passagen, Steilstücken oder
engen Pfaden ist Überholen manchmal unmöglich:
Wenn dann eine wandernde Schnarchnase „die Mittelspur"
blockiert, ist Anstellen und Däumchen drehen angesagt.

BEI ALPENFÖHN WANDERN

Nein, Wind ist nicht gleich Wind! Wer mal bei Föhnwind auf einem ausgesetzten Grat unterwegs war, der weiß, dass dieser unbändige Fallwind auch gestandene Männer umhauen kann.

In Tierkot treten

Gut, dass Wanderschuhe so wasserdicht und schmutzresistent sind, denn ein saftiger Pferdeapfel, schmieriger Kuhfladen oder filigran geformter Rehköttel landet schnell mal unter der Schuhsohle; mit etwas Pech auch anschließend im Auto.

DAS WASSER VERGESSEN

Sahara, Gobi oder *Kalahari* erhalten eine ganz neue Bedeutung für alle, die an einem heißen Sommertag ihr Wasser vergessen haben und vollkommen auf dem Trockenen sitzen ... äh, laufen.

GENUGTUUNG BEIM ÜBERHOLEN ANDERER FÜHLEN

Hand aufs Herz, so ein bisschen Genugtuung und Stolz auf die eigene Fitness spürt man schon beim Überholen anderer Wanderer. So manch einer legt in Sichtweite lahmer Schnecken noch einen Gang zu oder verkneift sich das Keuchen. Angeber…

VON UNVERSCHÄMT FITTEN MENSCHEN ÜBERHOLT WERDEN

Doch das Ganze geht auch umgekehrt. Wie ungerecht es sich doch anfühlt, schnaufend, schwitzend, leidend einen Berg zu erklimmen, wenn plötzlich von hinten eine fröhlich pfeifende und munter quatschende Gruppe aus Superprofi-Megasportlern andampft und freundlich grinsend an einem vorbeirauscht.

Unauffällig zurückfallen, um zu pupsen

Was sein muss, muss sein. Wer dreist ist, entlässt die Luft frontal gen Hintermann. Wanderer mit Anstand hingegen müssen dringend den Schuh neu schnüren. „Geht ruhig schon weiter ...!"

AM AUTO VORBEILAUFEN

12 Stunden on tour. Es ist dunkel, tief verschneit und viel zu spät. Da fragt er sich entkräftet: „Moment mal, waren wir hier nicht heute Morgen schon mal? Dann wären wir vor ca. einer Stunde ein paar Meter am Auto vorbeigelaufen!?" Oh, shit.

AUS NOT TRAMPEN

Zu viel vorgenommen, verlaufen, Regenmassen oder einfach keine Lust mehr? Der freundliche Daumen am Straßenrand hilft aus dem Schlamassel. Dreckverschmierte Schuhe und durchnässte Kleidung verringern die Erfolgschance jedoch deutlich.

EINE
WANDERKARTE
NUTZEN

Die topografische Wanderkarte gehört zum klassischen Werkzeug
eines Wanderers. Ob zur Tourplanung, Orientierung oder
Suche nach dem nächsten Wirtshaus. Nur das Zusammenfalten nervt
ungemein und erinnert je nach Wanderer
an talentloses Origami. Wenn es dann
noch windet … oh je.

Etwas verlieren

… und dann die ganze Strecke wieder zurücklaufen.
Nur um festzustellen, dass sich das gesuchte Stück all
die Zeit ganz unten im Rucksack versteckt hat.

VON FREILAUFENDEM HUND
ANGEFALLEN WERDEN

Freilaufende Hunde sind der Endgegner für Wanderer. Zumindest dann, wenn sie sich zähnefletschend und lautstark bellend auf sie schmeißen und von so etwas wie Herrchen oder Frauchen nichts zu sehen ist.

WOOF-WOOF!

Sonnencreme vergessen

☐

Eine der unangenehmen Erfahrungen an einem heißen Sommertag, die man in der Regel nur einmal im Wanderleben macht.

EINEM NAHEN STEINSCHLAG ENTKOMMEN

☐

Das muss man nicht unbedingt haben, passiert aber immer wieder: Steinschläge gehören in felsigen Regionen zu den Unfallrisiken.

SICH BLASEN LAUFEN

Tut furchtbar weh,
braucht kein Mensch.
Übrigens: Enganliegende,
zweilagige Socken helfen!

DEN
GERUCH EINES
TROCKENRAUMS
„GENIESSEN"

Okay, der Trockenraum einer ausgebuchten Berghütte im
Hochsommer gehört zu den verzichtbaren Erlebnissen.

NACH DER SOMMERTOUR DAS AUTO MIT VERSCHWITZTEN MENSCHEN TEILEN

Auweia; und jetzt zieht jemand noch die Schuhe aus.

Den Rucksack (nicht) einstellen

All die Riemen, Schnallen und Schnüre an einem modernen Rucksack sind nicht nur zum Angucken und Runterhängen da!

EINEM KIND (ERFOLGLOS) DIE WANDERUNG SCHMACKHAFT MACHEN

Schwer. Sehr schwer. Fast unmöglich – in jedem Falle nervtötend.

TREKKINGSTÖCKE BENUTZEN

Nicht jedermanns Sache, aber für viele vor allem im Abstieg ziemlich hilfreich. Wenn der Schraubverschluss doch nur einmal halten würde ...

DEM RÖHREN VON HIRSCHEN LAUSCHEN

Ziemlich beeindruckend, nicht nur für wandernde Damen. Tipp: Unübertroffen und absolut einzigartig ist das Herbstkonzert der unzähligen Rothirsche auf der abendlichen Wasseralm im Nationalpark Berchtesgaden — wow!

Einen Bierwanderweg laufen ☐

Wandern und Bier? Das gehört für viele Wanderer zusammen wie Topf und Deckel. Und das Bierland Deutschland wäre nicht Bierland, wenn es hierzulande nicht zahlreiche Bier- und Brauereiwanderwege gäbe, die sich voll und ganz dem Gerstensaft widmen würden. Tipps unter www.bier-reisen.de.

WEINWANDERN

Die Herbstzeit ist Weinzeit und Weinzeit ist Wanderzeit. Wanderwege rund um oder direkt zum edlen Tropfen gibt es in Deutschland zu Hauf, in einem der 13 Weinanbaugebiete Deutschlands wird man immer fündig.

DEN JODELWANDERWEG LAUFEN

Der erste Jodelwanderweg der Welt ist am österreichischen Gerlospass zu finden. Hier kann man sich auf einem kleinen Rundkurs an verschiedenen Audiostationen am Jodeln versuchen.

KURIOSE ABSTIEGSMÖGLICHKEITEN NUTZEN

Es gibt Scooter mit dicken Reifen, Sommerrodelbahnen, Offroad-Trikes, klassische Tretroller und vieles mehr. Die Alternativen, um gelenkschonend vom Berg zu kommen sind gleichermaßen vielfältig wie spaßig.

AUF DEM LANGSAMSTEN WEG DER WELT WANDERN

Man hört die erfahrenen Wanderer mahnen: „Speedhiking ist Quatsch und für übermotivierte Sportler." Richtige Wanderer finden auf dem Langsamsten Weg der Welt im Allgäuer Bad Hindelang zu Muße und Entschleunigung.

EINE WANDERUNG DRAMATISCHER MACHEN

„5.000 Höhenmeter habe ich mich bei heftigem Sturm hinaufgekämpft", „Unter mir drohten hunderte Meter freier Fall" oder „100 wildgewordene Ziegen konnte ich erfolgreich in die Flucht schlagen". Wer kennt sie nicht, die etwas aufgebauschten Erzählungen nach der Wanderung?

Auf einem Witzwanderweg lachen

Witzig, dieser Witzwanderweg im Appenzellerland. Auf dem 8,5 km langen Weg werden Bein- und Bauchmuskeln gleichermaßen auf Vordermann gebracht. Auch im bayerischen Kranzegg gibt es einen lustigen Wanderweg mit nicht immer jugendfreien Witzen.

INS GRAS LEGEN UND *CLOUDGAZING* BETREIBEN

Einfach mal abschalten, ins weiche Gras legen und die Wolken in ihren aberwitzigen Formen beim Vorbeiziehen beobachten. Spontane Pausen in der Waagerechten sind fantastisch, dazu der Grashalm im Mund und das Bild ist perfekt.

Neue Freunde finden

Bei aller Einsamkeit da draußen, das Zusammentreffen mit fremden Menschen direkt auf dem Weg, bei der Einkehr oder in der benachbarten Schlafkoje des Matratzenlagers gehört zum Wandern dazu. Alle eint uns eins: Die Liebe zur Natur, zum Draußensein und natürlich zum Wandern. So sind neue Freunde schnell gemacht.

Eine Schneeballschlacht ausbrechen lassen

Ein bisschen Kind steckt doch in jedem Wanderer,
so wird das sommerliche Schneefeld in hohen
Berglagen oder die winterliche Landschaft zur
spontanen Spielwiese für ewig Junggebliebene.

Bei Schlechtwetter wandern

Warmduscher jetzt bitte weghören. Auch das Wandern bei „Schietwetter" hat was. Man ist fast immer alleine und den Launen der Natur ausgesetzt – das multipliziert das Wandererlebnis eindrucksvoll. Aber Achtung: Bei Gewitter sollte man vom Wandern lieber Abstand nehmen!

AUF EINEM GIPFEL STEHEN

Einfach nur schön, der Blick und die Freiheit als Lohn für alle Mühen

HOCHPROZENTIGES AUF DEM WHISKYTREK SAMMELN

Bis zu 26 Whiskyfläschchen können Wanderer auf dem schweizerischen Whiskytrek in verschiedenen Berghütten sammeln. Nur bitte nicht gleich trinken, die Wege sind nicht ohne.

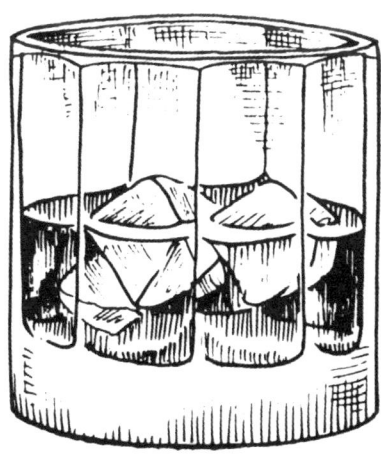

AUF EINER ALM EINKEHREN

Die zünftige Brotzeit mit frischem Käse und selbstgemachter Wurst auf einer urigen Alm inmitten der Berge, das gehört zu den schönsten Einkehrerlebnissen von Wanderern. Fernab vom Trubel voller Wirtshäuser im Tal.

IN EINEM KLOSTER EINKEHREN

Nicht selten ist die Einkehr in einem Kloster mit eigens gebrauten Bierspezialitäten verbunden. Prost!

DIE SCHÖNSTE WANDERUNG ALLER ZEITEN MACHEN

Und die war hier:

_____

_____

AUF EINEM **TREKKINGPLATZ** SCHLAFEN

Wildcampen ist in Deutschland leider verboten, wer dennoch mal sein Zelt inmitten der Natur aufschlagen will, findet mit einem legalen Trekkingplatz eine tolle Alternative. Ausgehend vom Pfälzerwald haben sich Trekkingplätze mittlerweile auf viele Regionen in Deutschland verteilt. Eine Übersicht gibt es unter www.trekkingtrails.de.

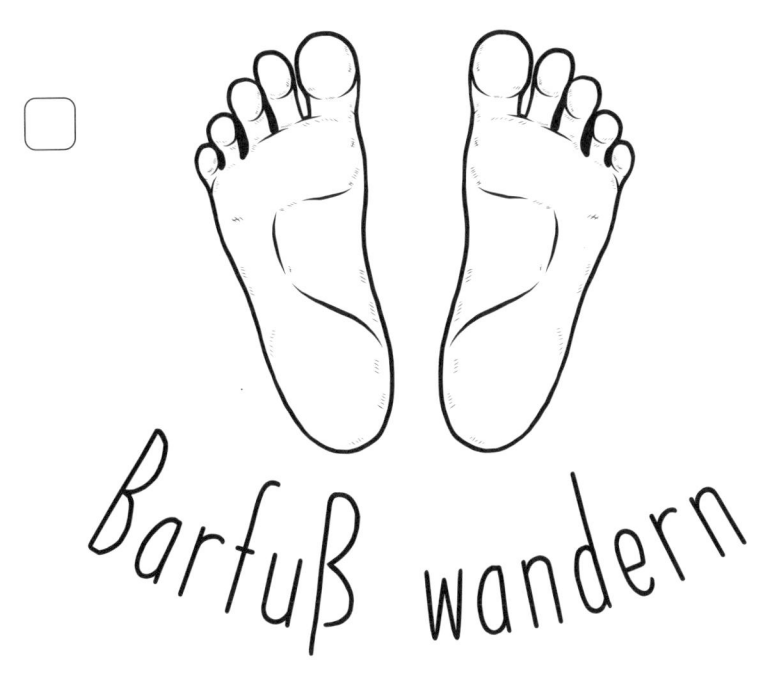

Barfuß wandern

Ein Sommertraum, wenn die weiche Wiese zum luftigen Barfußlaufsteg wird. Bloß keine Biene beim Tiefflug stören.

DURCH EINE HÖHLE WANDERN

So richtig wandern kann man in den wenigstens Höhlen, aber eine Wanderung mit einem Besuch in der Unterwelt zu verbinden, das gibt neue Einblicke. Aufgrund der hohen Höhlendichte ist das besonders gut möglich in der Fränkischen Schweiz oder der Schwäbischen Alb.

OHNE ZIEL WANDERN

Spontan und einfach immer der Nase nach –
das Microadventure ist voll im Trend.

WANDERN WIE „VOR 100 JAHREN"

Ziemlich Oldschool: Unterwegs mit Kniebundhose, kariertem Hemd und selbstgeschnitztem Wanderstock. Dazu noch ein Liedchen trällern und die Stulle aus dem Wickel rollen.

ZUR ARBEIT

WANDERN

Warum eigentlich nicht?

☐

ALLEINE
WANDERN

☐

STILLE, GEDANKEN,
TRÄUME. ALLEINE
WANDERN GIBT RAUM
ZUM ABSCHALTEN.

IN EINER GRUPPE → WANDERN

Alleine wandern ist schön, in einer Gruppe aber auch. Zumindest dann, wenn man keine nimmermüde Plappertasche, einen Klotz am Bein oder einen überenergetischen D-Zug erwischt.

SICH SPONTAN AM TRAILRUNNING VERSUCHEN

Hopp, hopp – es geht auch mal ein Schrittchen schneller!

Eine Schnitzeljagd-wanderung machen

Bei aller digitalen Geocachingliebe, eine klassische Schnitzeljagd im Wald mit Hilfe von Stöcken, Steinen und anderen natürlichen Hinweisen macht immer Spaß, vor allem für Familien.

EINEN *STAUDAMM* BAUEN

Kinder lieben es und bei Eltern weckt es den ungeahnten Ehrgeiz, das Stauen eines Baches hat doch jeder irgendwann einmal da draußen versucht.

Müll sammeln

Die Hinterlassenschaften respektloser Waldbesucher und gleichzeitig Karmapunkte sammeln – voilá! Kneifzange und „Drecksack" nicht vergessen, die Waldbewohner wird es freuen.

Lightweight unterwegs sein

Packesel adé! Die Jagd nach möglichst leichter Ausrüstung kann manchmal ganz schön kuriose Züge annehmen, zum Beispiel wenn Gewichtsfreaks ihre Zahnbürste für die Trekkingtour entzweibrechen und das nutzlose Ende zu Hause lassen, um ein paar winzige Gramm zu sparen. Hochwertige Lightweight-Ausrüstung ist komfortabel, aber vor allem eines: teuer!

PILZE SAMMELN

Die Königsdisziplin für Sammler in freier Wildbahn ist das Pilzesammeln. Doch Obacht, wer nicht aufpasst, riskiert üble Vergiftungen. Hauptsaison ist im September und Oktober.

KOCHEN/BACKEN AUS WALDZUTATEN

Bio ist nach wie vor voll im Trend, wieso also nicht gleich die Zutaten aus dem Wald mit nach Hause bringen? Mehr Bio geht nicht. Rezepte mit Beeren, Obst, wilden Kräutern oder Pilzen finden sich in jedem Rezeptbuch.

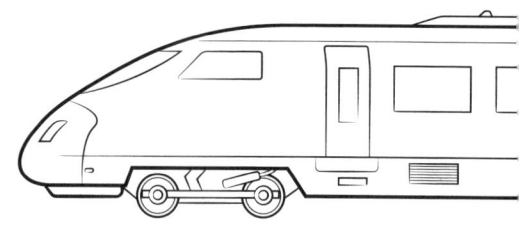

EIN LAGERFEUER MACHEN

Echte Lagerfeuerromantik in Deutschland zu erleben, ist aufgrund der Gesetzeslage
schwer. Mal eben ein Feuer in freier Wildbahn entfachen geht nicht. Dennoch sind auch
eigens dafür angelegte Feuerstellen (z. B. an Schutzhütten oder Rastplätzen) zusammen
mit Stockbrot und Würstchen eine coole Abwechslung zur Einkehr im Wirtshaus.

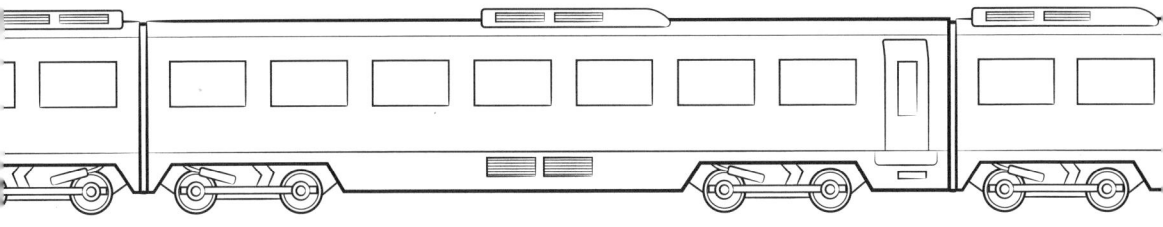

MIT ÖPNV ANREISEN

In Zeiten der Nachhaltigkeit und immer mehr Wanderwegen, die gut ans Netz des ÖPNV angeschlossen sind, ist die Anreise mit Bus und Bahn meist kein Hexenwerk.

SICH EINEM
WANDERVEREIN
ANSCHLIESSEN

Wandervereine sind, wie die Vereinskultur generell, vom Aussterben bedroht, obwohl sie vielerorts noch wichtige Aufgaben wie Wegemarkierung, Planung und Organisation von Wanderevents übernehmen.

AUSRÜSTUNG REPARIEREN STATT NEU KAUFEN

Es muss nicht immer neu sein: Auch hochwertige Outdoorkleidung, wie Regenjacken oder Softshell, lässt sich reparieren und abgelaufene Schuhe können neu besohlt werden.

EINE RANGERTOUR MITMACHEN

Man lernt nie aus und so ein Ranger im Nationalpark kann uns auf einer Wanderung vieles über den Lebensraum Natur vermitteln, was uns die Schönheit unseres Planeten noch ein bisschen mehr schätzen lässt. Nicht nur für Kinder.

EIN WANDER- BZW. TOURENTAGEBUCH FÜHREN

☐

Zur Dokumentation, zum Erinnern, zum Angeben, zum Vererben. Zum Spaß an der Freude.

EINE LISTE ALLER BESTIEGENEN GIPFEL ANFERTIGEN

☐

… und dabei an die ganz besonderen erinnern.

☐ Der Schönste: _____

☐ Der Hässlichste: _____

☐ Der Höchste: _____

☐ Der Vollste: _____

☐ Der Schwerste: _____

EINEN BRAINWALK MACHEN

Ob alleine, zu zweit oder in der Gruppe, das Wandern bewusst als Booster für Kreativität, Ideenfindung oder Problemlösung zu nutzen funktioniert.

DIE EIGENE HEIMAT ERKUNDEN

Ja, die Welt ist schön und Urlaubs-, Reise- und Wanderziele gibt es wie Sand am Meer. Eines schöner, spektakulärer und einzigartiger als das andere. Doch auch zu Hause ist es wunderschön. Es lohnt sich, auch mal die Wege vor der eigenen Haustür zu erkunden.

DIE ABKÜRZUNG AM STAHLSEIL NUTZEN

Zeitmangel, Faulheit oder fehlende Fitness: Seilbahnen jeglicher Art kommen auch Wanderern immer wieder sehr gelegen. Manchmal ist Rennen angesagt, um die letzte Fahrt nicht zu verpassen.

Wandertaxi oder Shuttle nutzen

Ähnlich wie Seilbahnen können Wandertaxis oder Shuttles die Tourplanung erleichtern, so erreicht man beispielsweise ohne langen Zuweg den Einstiegsort einer Tour oder gelangt zurück zum Startort.

Gepäcktransport nutzen

Bei den einen verrufen, bei den anderen ein willkommener Service: Gerade auf Fernwanderwegen bieten viele Gastgeber einen Gepäcktransport zwischen den Etappenorten an, sodass man lediglich mit leichtem Tagesrucksack unterwegs sein muss. Praktisch, aber irgendwie auch ein bisschen ... geschummelt?

EINEN **REGIOMAT** BENUTZEN

Regiowas? Regiomaten sind die Kaugummiautomaten für Wanderer und der Drive-In für Naturliebhaber. An neuralgischen Stellen von beliebten Wanderwegen platziert, können sich Wanderer an den Automaten kalte Getränke und frische Snacks für die nächste Rast ziehen. Dominant dabei sind regionale Produkte wie Wurst, Käse oder Limonaden.

Einen Wanderstock finden

Was für eine Schönheit, so ein Ast am Boden kann ganz schön verlockend sein. So gerade, so stabil, so ergonomisch geformt. Schnell ist ein hölzerner Partner für die Tour gefunden, auch wenn die Liebe zum neuen Wanderstock selten lange hält. Professionell und in Hand-arbeit gefertigte Wanderstöcke gibt es in Deutschland übrigens kaum noch. Eine der letzten Stockmanufakturen des Landes steht im thüringischen Lindewerra.

EINE TOUR ONLINE PLANEN

Digitale Tourenapps und -portale sind heute kaum noch wegzudenken, sie vereinfachen die Tourplanung ungemein und spucken alle relevanten Eckdaten im Handumdrehen aus. Die bekanntesten Beispiele sind Komoot oder Outdooractive.

PFLANZEN UND BÄUME BESTIMMEN

Ob digital per App oder dem klassischen Botanik-Almanach aus Papier, wer hat sich denn noch nie gefragt, um welche Pflanze oder welchen Baum es sich bei der einen oder anderen Schönheit handelt?

REGIONALE SPEISEN PROBIEREN

Pommes, Pizza und Schnitzel gibt es doch überall, so richtig unvergesslich wird die Wanderung in einer fremden Region doch erst beim Genuss von regionaler Küche – oder?

SICH UNTERWEGS VEREWIGEN

☐

Ob in den Schnee gepinkelt, als Steinformation gelegt oder in den Sand gepinselt – Wanderer verewigen sich gerne an besonderen Orten.

☐

QUERFELDEIN LAUFEN

Keine Wege sind die schönsten Wege, ein bisschen Abenteuer querfeldein peppt auch die langweiligste Tour im Mittelgebirge auf.

UNSPEKTAKULÄRE BILDER NACH HAUSE BRINGEN

Da steht man an einer fantastischen Aussicht und will das Gesehene in einem pompösen Foto für die Daheimgebliebenen festhalten, doch zurück zu Hause kommt die Enttäuschung: Die Dimension des Raums lässt sich einfach nicht im Bild festhalten, man muss sie selbst gesehen haben, um sie zu begreifen.

EINEN WANDERSTEIN AUSLEGEN

Wandersteine sind bunt bemalte Steinchen, die auf Wanderwegen oder an neuralgischen Hotspots ausgelegt und später vom Finder mitgenommen sowie an einem anderen Ort erneut ausgelegt werden. So reisen die kreativ bemalten Steinchen manchmal um die ganze Welt. In den sozialen Medien teilen die Sammler ihre Funde – hat schon jemand deinen Stein gefunden?

AUSRÜSTUNG PFLEGEN UND WARTEN

Gewartet hält länger: Pflegen, pflegen, pflegen!

Einlagen benutzen

Schmerzende Füße beim Wandern? Orthopädische Einlagen können Wunder wirken!

EINEN KOMPASS NUTZEN

Heutzutage eher Beschäftigungstherapie als Notwendigkeit und das perfekte Hobby für Outdoorfreaks.

ERSATZSOCKEN VERMISSEN

REGEL #1: IMMER ERSATZSOCKEN FÜR DEN FALL DER FÄLLE DABEIHABEN. JA, IMMER. WIRKLICH.

☐ Deko mitbringen

*Tannengrün, bizarre Steine, schöne
Blumen, kleine Kristalle oder Kastanien
für die Kids – Wanderer hamstern gern.*

☐

VON EXOTISCHEN
WANDERABENTEUERN
TRÄUMEN

Nicht nur träumen, einfach langfristig planen und durchziehen. Wandern zu Füßen
der Vulkane auf Hawaii, durch die Wildnis Kanadas, in den filmreifen Bergen
Neuseelands oder durch das argentinische Feuerland. Man muss es nur wollen.

Fangen wir an. Hier will ich unbedingt mal hin, also plane ich es jetzt:

WEITERE BUCHTIPPS

120 Seiten, 165 x 210 mm,
Softcover, ISBN: 978-3-96664-190-6
€ 9,99

128 Seiten, 165 x 210 mm,
Softcover, ISBN: 978-3-95843-988-7
€ 9,99

128 Seiten, 170 x 240 mm,
Hardcover mit Ausstanzung
ISBN: 978-3-96664-030-5
€ 14,99

176 Seiten, 215 x 260 mm, Softcover,
ISBN: 978-3-95843-884-2
€ 19,99

Unser komplettes Programm finden Sie in jeder Buchhandlung
und unter www.heel-verlag.de